기차와 김밥

기차와 김밥   이든시인선 104

하희경 이사벨라 시집

이든북

| 시인의 말 |

혼자 걷는 길이 두려워
둘레둘레 눈치 보며
뒤뚱이던 발자국이 난무합니다.

길을 찾아 헤매던 아이
나지막이 숨을 내쉬고
해묵은 이야기들을 풀어봅니다.

여전히 머뭇거리는 저에게
괜찮다고 다독여주신 분들께
고개 숙여 감사드립니다.

차례

시인의 말 — 5

1장 매미의 수다

작은 새	— 13
매미의 수다	— 14
하늘이 웃는다	— 16
길을 걷는다	— 17
매미 허물	— 18
양파 탓이야	— 19
민들레	— 20
동백꽃	— 21
작은 꽃	— 22
곡비	— 23
명태의 사랑	— 24
몽돌	— 26
그 길	— 27
순간	— 28
그녀	— 30
가시 하나	— 31
나는 어디에	— 32

2장 어디 갔을까

꿈	—— 35
물방울	—— 36
아버지	—— 37
달빛	—— 38
어머니	—— 39
먹감	—— 40
사마귀	—— 41
카멜레온	—— 42
야생화	—— 43
너의 아버지	—— 44
첫눈 오는 날	—— 46
빗방울 소리	—— 47
혼잣소리	—— 48
해피 바이러스	—— 49
어디 갔을까	—— 50
소주 한 잔	—— 51
괜찮아, 괜찮아질 거야	—— 52
천 원의 사랑	—— 53

3장 그런 날 있었지

길고양이	—— 57
연탄재	—— 58
함께라면	—— 59
한 잔의 물	—— 60
봄이 오면	—— 61
파도	—— 62
쥐똥만한 꿈	—— 63
기차와 김밥	—— 64
가을	—— 65
뻐꾸기	—— 66
새벽 네 시	—— 67
식혜	—— 68
은행잎	—— 69
시외버스 터미널	—— 70
다락방에 심은 씨앗	—— 71
그런 날 있었지	—— 72
하얀 눈처럼	—— 73
진심	—— 74

4장 여물지 않은 빗방울

여물지 않은 빗방울	—— 77
시인과 여공	—— 78
민낯	—— 80
거리의 은행나무	—— 81
바보	—— 82
그냥	—— 83
투덜이 스머프	—— 84
그림자	—— 86
새우	—— 87
바람아	—— 88
겨울 산책	—— 89
까치가 난다	—— 90
마곡사 소나무	—— 91
마지막 순간	—— 92
종이배	—— 93
병실 풍경	—— 94
연탄재 2	—— 95
자명종	—— 96

5장 마음이 가는 길

가로등	― 99
성적표	― 100
낙엽	― 102
여름	― 103
진달래	― 104
검은 고양이	― 105
젠장	― 106
언감생심	― 107
천사들이 산다	― 108
인동초	― 109
여정	― 110
꽃핀 하나	― 111
꽃과 나비	― 112
아주 잠깐	― 113
꿈꾸는 숫자들	― 114
민달팽이	― 115
마음이 가는 길	― 116

| 작품해설 | 김명아 대전문인총연합회장 ― 117
『기차와 김밥』에 나타난 자아 치유적 삶

1장.

매미의 수다

작은 새

작은 새 한 마리가 운다

흙투성이 몸으로 꺽꺽 토악질 한다

꼬물대는 벌레에 한눈파느라
하늘 한 번 올려다보지 못했다

바람이 부르는 소리,
나 몰라라

날개옷 까맣게 잊고 해찰하더니만
찬 대지에 엎드려 꺽꺽 운다

매미의 수다

너무 시끄러워
제발 입 좀 닫으라고
창문 열고 소리 지르는 너

잠시 내 말 좀 들어볼래?

칠 년의 시간을 땅 속에 있었어. 어둡고 축축한 나무뿌리를 붙잡고 유배당한 이유도 살아갈 의미도 모른 채 죽지 않기 위해 안간힘 썼지. 긴 시간 엎드려 있는 까닭을 아무도 말해주지 않더군. 간간히 뿌리까지 들려오던 소리는 다른 세상이었지. 어느 날 문득 허공에 던져졌어. 어지간히 뜬금없는 일이었지. 잊혀진 듯 지내다가 태양 아래 나온 이유 그마저도 영문 모를 일이었지

너라면 궁금하지 않겠니?

칠 년을 갇혀 지냈어. 간신히 나무뿌리와 흙의 감촉에 익숙해지는데 불쑥 낯선 세상에 던져졌지. 나름대로 질서 있던 땅 속에서 허공에 던져진 기분이라니. 그 순간을 뭐라고

표현할지 모르겠어. 햇살이 따갑고 바람의 스침이 낯설어서 하늘을 향해 외치고 땅을 보며 항변했지. 내가 살아가는 이유를 알려달라고. 오랜 시간 닫았던 입을 열어 목청껏 소리 지르는 거야. 어쩐지 시간이 별로 없을 것 같아서 열심히 묻는 거야

  너, 나에게 알려 줄 수 있니?

하늘이 웃는다

고개 숙인 그녀에게 하늘이 속삭인다

"고개 들어 나를 보렴"

속삭이는 하늘이 낯설어
더욱 고개 숙이며 그녀가 말한다

"넌 너무 무서워. 천둥, 번개, 비바람, 온통 잿빛이잖아"

하늘이 바람으로 말한다

"아니야, 그건 잠시일 뿐이야
지금 나를 봐, 이렇게 환하게 웃고 있잖아"

"거짓말! 넌 거짓말쟁이야, 푸른 하늘 보려고 고개 들었다가 눈물 젖은 기억이 너무 많아"

"미안해 이젠 거짓말 안 할게, 난 너에게 나를 보여주고 싶어 한 번만, 딱 한 번만 나를 봐 부탁할게"

살며시 고개 드니, 정말 하늘이 웃고 있었다

길을 걷는다

탄탄대로 외면하고
가파른 길 접어들어 너를 찾는다

어쩐지 네가 있을 곳은
밝고 환한 신작로가 아닌
좁고 후미진 산동네 비탈길이지 싶어
밭은 숨 몰아쉬고 두리번거리며 너에게로 간다

낯선 창문 아래 작고 여린 네가
구겨지고 바스러져가는 것은 아닐지
몹시도 조급한 마음에 허둥지둥
애꿎은 비탈길 타박하며
내달리듯 걸어간다

뒤뚱이는 발걸음 늦지 않기를
아직 밤하늘에 별이 남아 있기를
오래전 잊혀진 신에게 기도하면서

매미 허물

칠흑 같은 동굴 속에서
갈고 닦은 목소리

마침내,
햇살 부서지는 날

목이 터져라 외쳐도
대답 없는 당신

먹먹한 가슴 달랠 길 없어
부르다가,

텅 빈 껍데기 하나
가만 내려놓네

양파 탓이야

껍질 벗기고 흐르는 물에 씻어
네모난 도마에 올린다

동그란 몸 꼭 잡아
날카로운 칼로 저며도
악, 소리 한 번 못하는 어리바리

먹지 않을 짜장 만들며
공연히 칼질만 요란스레 탕탕
까만 속 감추고 짜장 만드는 날

두 눈 가득 채우는 눈물은
순전히, 양파 탓이야

민들레

좁은 길 한 모퉁이 야물게 서서
가는 목 한껏 치켜세우며
가만히 웃는 민들레

햇살 한 줌 가만히 다가와
새로운 봄이라 속삭인다

오래전 손사래 치고 달아난
시간의 흔적을 지우면서
해바라기하는 민들레

인심 좋은 봄바람
하얗게 웃으며 함께 날자 한다

동백꽃

가만 눈 감으면
툭 떨어지는 동백꽃 한 송이

오래전 생명선을 갈무리한
'책만 보는 바보' 같은 한 선비
작은 내 가슴 안으로 성큼 들어선다

앞서간 발자국에 도장 찍으며
시끄러운 마음 쓸고 닦으며 따라가는 길

깔끔한 마무리 언제였는지
곱씹어 헤아려도 생각나지 않지만
늦지 않았길 바라며 동백꽃 하나 새긴다

작은 꽃

칼바람 서성이는 빈 들판에
시나브로 피어나는 꽃 한 송이

빗방울 떨어지는 하늘 눈치만 보다
해묵은 작은 꿈 갈무리하며
가만히 몸을 세운다

필까 말까 망설이던 마음
바람 끄트머리에 달아 보내고
햇살 맞이하는 작은 꽃

곡비

내딛는 발자국마다
옹이진 빗방울 하나 둘

가슴 벅찬 순간 언제였을까?

목울대 열어 소리 높여도
한 맺힌 빗줄기 멈출 줄 모르고
가없는 시간 저 홀로 스쳐 지나네

전생의 업 끝나는 날
옹이진 눈물 바람에 날리고
햇살 아래 꽃처럼 곱게 피어나길

명태의 사랑

난 머리부터 꼬리까지 자유로웠다
어느 날 명태라는 이름이 생기기 전까지 말이다
당신은 내 의견 따위는 상관없이 사랑이라 말한다

바다가 아닌 대관령 산맥에서 사랑은 그런 거라고 속삭인다. 노란 황금처럼 귀한 존재가 되라 한다. 황태라는 이름이 싫어 먹태가 되니 그것도 사랑이란다. 바다 속 자유는 파도처럼 물거품이 되고 시베리아 벌판 찬바람에 뼛속까지 얼어붙는다. 사랑이라는 족쇄를 차고 동태가 되어간다. 황금색 기다림이 지루한 당신 두리 뭉실 끈 꿰어 코다리란 이름으로 나를 포장한다. 크기도 전에 말라가는 것이 씹을수록 고소하다니 할 말이 없다. 당신 입에 노가리가 되고 내장과 알까지 남김없이 드러내니 사랑 참 힘겹다

무명으로 지내는 일 재미없어
이름을 갖고 사랑받기를 원했다
당신이 이름을 지어주기 전까지 분명 그랬다

지금 나는 어떠한가?

당신의 쓰린 속을 달래는 일이라면 참아낼 수 있다
강요만 아니라면 기꺼이 몸을 내어 줄 것이다
사랑이라는 말로 위장하지 않는다면 말이다

당신은 어떠한가?

몽돌

빗방울 톡톡 우산을 두드리고
발끝 자그락자그락 노래를 탄다

어쩌면, 크고 작은 돌멩이
오래도록 성가신 파도에 휩쓸렸을 테지

몽돌이 뭔지 모르던 나에게 해변이 돌로 되어 있다는 친구 말은 충격이었다. 그 순간부터 몽돌은 내 가슴에 들어앉아 날이면 날마다 조금씩 자라났다. 눈만 뜨면 일에 매어 있던 지난 시간 속에서 바다는 당연히 모래사장만 있는 줄 알았다. 화면에서 본 해변은 늘 그랬으니까

작은 우산을 타고 나지막이 내려앉는 하늘
자글자글 속삭이는 몽돌, 그 작은 틈새에
먼 길 걸어온 나그네 가만 서 있네

그 길

겨우내 앵돌아져 힘주다가 봄이면 풀어져 질척이는 길
여름이면 삐죽이는 땀 냄새 부끄러워 앞만 보고 걷는 길
이웃집 고기 냄새에 주린 배 움켜쥐고 침 꿀꺽 삼키는 길
죄 없는 연탄재 발로 차며 어느 시인의 말에 반항하는 길

너무 좁아 나란히 걷지 못하고 혼자 걷는 길

꼬부라진 길모퉁이 어딘가
남몰래 씨앗 하나 심어두고
가로등 불빛 아래 꿈을 키우며
비릿한 시간 야물게 갈무리하던 길

살고 지고, 옹이진 푸른 날들 풀어 헤치며
좁다란 골목길 발자국마다 달달한 꽃향기로 채우던 길

순간

벌거숭이 갯벌에 새겨진
굽이굽이 주름살 들여다보다
불현듯 산비탈 낡은 집으로 달려간다

얄궂은 숨쉬기 멈추지 않고
끈질기게 살아남으려 애쓰던 아이

버려진 동태 대가리 주워 모아
허기진 창자에 어두일미라 이르며
치미는 부끄러움 모른 척 하던 아이

연탄 한 장 아까워 숨구멍 틀어막으며
구멍 난 창문 두드리는 황소바람
철 지난 옷으로 가리던 아이

그래, 그런 시절 있었지
팔자 도망은 못한다는 말
털어내려고 안간힘 쓰던 순간들

마침내,
물길 떠난 갯벌에 몸 세우고
고개 흔들어 지난 시간 털어내며
용케 잘 살았구나싶은 지금 이 순간

그녀

언제 그녀를 만났을까

작은 얼굴 질끈 동여맨 머리
지친 눈동자에 서린 안개비
무엇이 그녀를 아프게 하나

마주한 시선 피하지 못하고
오래된 주문을 외운다

힘을 내! 괜찮아

긴 시간 함께 걸어온
거울 속 그녀에게 말을 건넨다

가시 하나

어디서 왔는지 모를 가시 하나
손가락 끝에서 따끔

살아 있다는 증표이려나?

무시로 하늘 올려다보면
구름은 꽃이 되고 나비되어
유유자적 흘러가는데

한날한시 잊지 말라고
깔짝이며 담금질 하네

나는 어디에

안개 낀 흐릿한 밤
더듬더듬 지나 온 발자국
밝은 날 돌아보니 삐뚤빼뚤
제멋대로 여기 하나 저기 하나

행여 누가 볼세라 서둘러
하나 둘 싹싹 지웠네

아뿔싸!

나는 어디에

2장.

어디 갔을까

꿈

나지막한 자리에서
꿈을 꿉니다

하늘, 바다 그리고 당신
달빛 아래 흔들리는 꿈

오래된 골목길 들어서는
자박이는 발자국 소리

행여 지나칠까 두려워
촛불 하나 세우는 꿈

물방울

물방울 하나 톡톡
깜냥 없는 주변머리로
가지 끝 너머 하늘을 두드립니다

품 넓은 하늘
가냘픈 두드림 쉬이 보지 않고
두 팔 벌려 안아 줍니다

하나 둘 작은 물방울이 개울 되고 개울이 큰 강물 되기까지 소리 없이 산과 들이 흘러갑니다. 아니 흘러가는 것은 나인지도 모릅니다. 흐르고 흘러 도착한 바다는 언젠가 올려다본 하늘처럼 넉넉한 품을 내어줍니다

물방울 하나가
몰래 키워 온 사랑
마침내 하늘이 되고 바다가 됩니다

아버지

당신 손끝에 술잔이 닿으면
천둥번개 요란한 비가 쏟아집니다

당신의 선택은 하루나 영원이 아닌
사각대는 소리 지우려는
몸부림이었다는 걸 몰랐습니다

술에 취한 당신과 함께 한 순간들이
하늘빛 가리는 그림자가 되어
오래도록 길을 잃었습니다

까마득한 시간 지우다가
이제야 간신히
내 사랑 당신이 평화롭기를 빕니다

달빛

모두 잠든 까만 밤
낮은 지붕 아래 작은 다락방

밤을 잊은 달빛
소녀의 발치에 앉아
나지막이 기도 한다

해쓱한 공장의 불빛 아래
소녀의 꿈이 시들지 않도록
달빛 한 자락 살포시 덮어주며
기나긴 밤 쉬지 않고 꿈길 밝힌다

어머니

아들 등에 고개 숙이고
딸 그림자에 입 맞추면서
하루의 시작과 끝을 잇는 그녀

뜨는 해는 아들에게
달빛은 딸에게 돌리며
밤낮없이 자식 잘되라고
허리 굽혀 간구하는 키 작은 그녀

그녀가 떠난 어느 날
지구는 외딴 섬이 되고
우리는, 그만

미아가 되었다

먹감

이리저리 뒤뚱이며
머물 곳 찾아 헤매느라
전신만신 검은 멍투성이

햇빛과 바람, 빗방울
달빛 한 조각마저 받들고
설익은 꿈 품어 안아 어르며
낮은 곳에서 읍소한 시간들
빨갛게 익어가는 가을날

떫고 쓰리던 멍울
달달한 먹감 되었네

사마귀

정말 미안해 내 뜻 전혀 아니야
세상 아무리 험해도 서로 믿고
한 세월 살아보자 했건만
나도 모르게 그만

뱃속 꿈틀거리는 본능
눈앞에 아른대는 맛깔난 먹이
덥석 물어 아작아작 아뿔싸
간데없는 내 사랑

두 손 모아 빌며 아랫배 가만 보니
당신 몸뚱이 갉아 먹는 새끼들
대대손손 이어진 유전자
기막힌 우리 사랑

카멜레온

살기 위해, 살아남기 위해
눈동자 데굴거리며 눈치 보네

곁에 있는 아무라도
뜨거우면 뜨겁게, 차가우면 차갑게
홀로 서는 법 잊은 지 오래라네

매달린 동아줄 놓칠세라
온몸으로 안간힘 쓰며
크고 작은 가지 넘나들고
천지사방 데굴거리는 눈동자로
온 세상에 색깔맞춤 하네

야생화

곱디고운 너를
혼자만 보겠다고
담장 안에 가두어서 미안

귓가에 맴돌던 낮은 웅얼거림이
너의 눈물이라는 걸 겨우 알았어

나날이 야위어가는 너에게
너무 늦지 않았기를 바라며
서둘러 담장을 허문다

너의 아버지

너의 아버지는 산이다
험한 세상 바람막이되어
언제나 부족하지 않게 채워 주고
때 묻은 마음과 나달해진 몸
기댈 수 있는 아버지

너의 아버지는 바다다
한 잔 술에 목청 높여도
달달한 눈깔사탕 잊지 않고
우는 아이 빈 가슴 달래주는
까만 밤 등대 같은 아버지

너의 아버지는 하늘이다
때때로 먹구름 들이닥쳐도
천둥번개 비바람 온몸으로 막아
햇살과 바람으로 자식들 기운 돋우고
달빛처럼 늘 따라다니는 아버지

너의 아버지는 땅이다
뿌린 만큼 거두는 진리 믿으며
오로지 자식 잘되기만 가슴에 담고
묵묵히 너의 양식으로 남아버린
묵은 시간의 열매 아버지

첫눈 오는 날

첫눈 오는 날 만나자 약속했는데
아뿔싸!
남산 참 크기도 하지요

첫눈은 또 어쩌면 좋을지
분명 첫눈인데 당신은 아니라니 말 다 했지요

겨우내 내리는 그 모든 첫눈의 순간
하고 많은 사람 뒤적이며 술래잡기 하지요

시린 발 동동거리고 언 손 호호 불어가며
봄이 오기 전, 첫눈 내리는 순간마다
남산 탑돌이 하지요

빗방울 소리

책갈피 사이사이
갈무리한 추억
토옥 톡
창문을 두드린다

잠들었던 시간
화들짝 깨어나
토옥 톡
숨 쉬기 시작한다

혼잣소리

숨이 막힌다

혹여 사랑이라면 살 수 있을지 모르겠다
너 없으면 못살겠다는 통속적인 그 말이 듣고 싶다
난무하는 말들 틈새에 꼭꼭 숨어있는 실체를 보고 싶다
속살 드러낸 부끄러움에 하늘보지 못해도 진실이면 좋겠다
사막 한 가운데 놓여도 사랑이라면 숨 쉴 수 있다
남녀노소 구분 없이 사랑이란 말 하나면 된다
거리로 나가 크게 소리 질러야겠다

사랑한다!

해피 바이러스

용문역 사거리 노점 하는 아저씨
파는 것이라곤 땅콩 하나

하늘 맑은 날이면 펼쳐지는
빨간 대야, 조그만 파란 바구니
비우면 채워지는 화수분 같은 땅콩들

동자승처럼 순하게 웃으며
"땅콩 사세요, 땅콩 맛있어요!"

주머니 뒤적여 나달나달한 푼돈 건네면
햇살 버무린 땅콩에 웃음꽃은 덤으로
해맑은 하루를 열어준다

우산 하나로 땡볕 가리고
바구니 빌 때마다 환히 웃으며
해피 바이러스를 건네주는 아저씨

어디 갔을까

매미소리가 들리지 않는다

작은 새도 잠이 들었는지 조용하다

길고양이 울음 멈춘 건 언제인지

까만 눈 반짝이던 생쥐는 어디?

 태양도
 달도
 구름도
 바람도
 사랑도

가뭇없이 여름밤이 흘러간다

소주 한 잔

찰랑이는 술잔에 두 손 모으고
미동 없이 고개 숙인 남자

외딴섬마냥 홀로 앉아
소주잔 너머 아득히 먼 곳을 본다

쨍하고 부딪치던 날선 시간들
젊은 날의 치기까지 꿀꺽

한 잔 술에 가만 기대앉은
남자의 정수리가 하얗다

괜찮아, 괜찮아질 거야

바다 한가운데 속살 드러낸 바위 천년만년 절절이 쌓인 이야기 파도만 들먹이니 천만다행이지. 높은 산 중턱에 자리 잡은 바위 가감 없이 드러난 민낯 감출 수 없어 낯 뜨거운 시간 어이 견디나

켜켜이 쌓인 이야기 풀어헤쳐 매듭 하나 맺는 일 지난해도 파도가 위로하는 바위 그나마 다행이지. 몸 사릴 곳 없는 산중턱에 알몸으로 선 바위는 켜켜이 들어찬 이야기 숨길 곳 없어 어이하나

천년의 시간을 건너 온 바위가

"괜찮아, 괜찮아질 거야"

말간 얼굴로 가만히 말한다.

천 원의 사랑

대전역 옆 역전시장 후미진 골목
천 원의 선짓국이 끓는다

노부부 주름진 손으로 뚝배기 채우는 온정
꼬깃꼬깃 구겨진 천 원 한 장 받으며
어제는 지우고 내일을 꿈꾸라고
오늘을 수혈해 주며 말한다

광장을 수놓는 고개 숙인 꽃들이
간단히 외면당하는 야박함을
부모의 마음으로 품어 안아
따듯한 선짓국으로 달래준다

밥 한 공기 값 건네면
피가 되는 선짓국은 덤
천원으로 만드는 큰 사랑

3장.

그런 날 있었지

길고양이

거리의 장돌뱅이 된 사연
구구절절 말해 무엇 하나요

양갓집 규수가 한순간 곤두박질
그 사랑 떠날 줄은 꿈에도 몰랐지요

되돌릴 수 있다면 뭔들 못할까마는
떠난 인연 찾은들 별 수 있나
그저 한 세월 보내야지요

햇살 따가워 그늘로 접어드니
바람 한 자락 호로록 날아
작은 몸 쓸고 지나가네요

연탄재

한겨울 눈 쌓인 골목길
연탄재 한 장 바스러진다

낡은 지붕 제 집인 냥 눌러 앉아
까만 몸피 남김없이 불사르며
시린 영혼 꿈길 데우다가
마침내 순백의 영혼으로
굽이진 골목에서 숨을 멈춘다

눈 쌓인 비탈길에서
가난한 이들의 발걸음 살피며
하얗게 웃는 얼굴로 작별 인사를 한다

함께라면

돌이켜 보면 너와 나
함께 하는 일 쏠쏠하다

주머니 헐렁해도 홀로 아니니
그런대로 쓸 만한 일이다

밥술 좀 뜨는 일 혼자라면
고약한 심사 어찌하지 못하니
사랑이면 어떻고 아니면 어떤가
이 순간 함께라면 고맙지

지나간 순간들 사무치는 이유
우리 함께 하지 못한 탓이니
이제라도 빈 시간 채우자
너와 나 우리 함께

한 잔의 물

한 잔의 물에는
오래 전 세상을 떠난
선조들의 분자들이
오백만 분의 일쯤 들어 있다

지금 숨 쉬는 공기에도
누군가의 넋이 스며들어
우리와 함께 살아가고 있다

나 이전의 사람들
그들은 없었던 존재가 아니다
어쩌면 싫었을지도
너무 아파 피했을 수도 있지만

한 잔의 물로 살아온 삶의 방식
어리석은 그 인생의 방식이
사실은 모든 것인지도 모른다

봄이 오면

지나간 발자국
꽃으로 피어난다

저마다의 작은 희망
가슴 깊이 갈무리하고
큰 뜻 모아 앞서 간 이들

곱디고운 청춘의 꿈
하나 둘 셋 밑거름 삼아
형형색색 꽃망울로 터진다

스쳐간 발자국
진한 향기로 퍼져
햇살 맞아 춤추는 봄이 오면

파도

남김없이 부서지는 파도
작은 물방울들이 죽어라 달려드는
그 순간의 무모함이 사랑스럽다

마지막 환희의 비명을 지를 때
찰나의 삶과 죽음에 함께 하고 싶다

산산이 부서져 흔적 없다가도
다시금 달려드는 생명력을 훔치고 싶다

어느 날, 말도 없이 사라진 열정이 그립다
이도저도 아닌 뜨뜻미지근한 내가 싫다
뜨겁게 타오르던 순간 언제였는지 기억나지 않는다
바위가 부서져라 달려들던 그 작은 아이가 보고 싶다

쥐똥만한 꿈

너무 작았을까?
씨를 뿌린 누군가
아직 갈 길이 멀다 하네

겨울바람에 간신히 뿌리 내리고
더딘 봄바람 기다리다 못해
안간힘 다해 헤쳐 나오니
바람도 빗줄기도 심술 여간 아니네

어르고 달래어 간신히
쥐똥만한 열매, 하나 매달으니
참새도 다람쥐도 제 것인 줄 아네

기차와 김밥

　기차는 김밥을 닮았다

　뜬금없이 찾아온 어린 동생이 충충시하 새댁의 처지를 헤아릴 줄 몰라 난감했던 배다른 언니. 도망간 어미가 낳은 동생이 밉기도 하련만 이도저도 내려놓고 시린 마음만 보듬던 언니와 형부. 어린애가 오죽하면 주소 하나 들고 왔을까싶어 시어머니 몰래 고구마를 깎아 주던 손길이 내 십대에 머물러 있다

　기차에 태우며 들려준 김밥과 사이다, 서울 행 기차 안에서 부끄러운 얼굴 감추고 꾸역꾸역 먹으면서 기차가 김밥이면 좋겠다고 생각했던 아이. 한 거인이 있어 김밥 같은 기차를 우걱우걱 먹어치우면 집에 가지 않아도 될 텐데. 기차가 내뿜는 연기처럼 흔적 없이 사라지고 싶던 십대의 기억 속에서 기차는 언제나 김밥이 된다

　한사코 김밥이고 싶은 아이를 싣고 기차가 달린다

가을

윽!
바늘에 짝한 손가락이
참았던 욕지기를 토한다

표정 없이 다가온 반장 언니
휴지와 반창고를 던지며
칠칠치 못한 머리통을 툭 친다

미싱 소리에 꾸벅이던 가을밤
때늦은 생리통은 아랫배를 조이고
밀려드는 옷감에 툭 떨어지는
붉게 불든 단풍잎 하나

가을인가 보다

뻐꾸기

누구도 알지 못하리라

살그머니 남의 둥지에 새끼 낳고
지독한 젖몸살에 가슴 조이는 어미

아비 없는 자식 키울 만큼
만만하지 않은 세상

살기 위해, 살리기 위해

두 눈 질끈 감고 외면하는
쪼그라든 심장의 버석거림

어미의 하늘보다 높이,
더 멀리 날아가기를 바라며

뻐꾹 뻐꾹 뻐어꾸욱

새벽 네 시

해는 뜰까 말까 망설이는데
속없는 알람시계 소리를 지른다

간밤의 달콤한 꿈 미처 챙기지 못했는데
울어대는 알람 얄밉기도 하지
새벽부터 하루를 코앞에 들이댄다

지난 밤 달콤함은 일찌감치 길 떠나고
새로운 오늘 등 떠밀며 재촉한다

인생 별거 없지 하다가
문득 떠오른 일수 통장
지난 밤 분명 일수를 끝냈었는데

새벽 네 시
봄날의 꿈이 부르는 해장 술 한잔

식혜

차거나 뜨겁거나 가릴 새 없이
허겁지겁 우겨넣은 밥알
목울대 넘기는 일 쉽지 않았다

소화되지 않은 차가운 밥알들
어미의 정성 아스라이 멀고
아비의 수고는 남의 일이었다

하늘 아래 고고성 울려 봐도
시린 눈물은 끊임없이 흐르고
밥의 온도는 사랑이라 속삭였다

창자 속 소화되지 않은 해묵은 밥알들
얼마나 긴 시간 삭히고 발효되어야
달달한 식혜 한 그릇 만들어질까

은행잎

비에 젖은 은행잎이
인도에 노란 선을 긋는다

왼쪽과 오른쪽을 가르는 중앙선이
자동차의 흐름을 구분 짓는 거라면
인도의 노란 선은 무엇을 가름하는 것일까

땡볕에 시들고 바람에 흔들려도
차마 내려놓지 못한 희망이
거리에 노랗게 쌓여간다

차가운 겨울 지나고
새로운 봄날 기다리는
노란 촛불들이 줄을 잇는다

시외버스 터미널

터미널은 어둠에 싸여 있었다

잠들지 않는 도시에 익숙한 눈이
길을 찾아 서성인다

누군가의 부름에 응답하듯
서둘러 도착한 조그마한 터미널,
오래된 형광등이 낯선 마음을 안는다

빛바랜 벽에 흐릿한 요금표
반백년 달려온 얼굴이 묻는다

얼마만큼의 대가를 치러야
떠날 수 있느냐고

다락방에 심은 씨앗

드르륵 미싱 밟으며
바늘구멍에 낙타 꿰어
쉬지 않고 날개옷 만드는 그녀

달리기는 맨 꼴찌, 날밤세기 선수
밤이면 노란 등불 심지 돋우며
동화나라 친구들과
짧은 밤 아쉬워라 수다 삼매경

한 땀 두 땀 바늘 땀
책갈피에 갈무리하고
구로동 골목길 돌고 돌며
다락방 한 귀퉁이에 심은 씨앗

머릿속 텅 빈 곳간에
인쇄체 하나둘 돋을새김하며
되바라진 어린 날 숨겨두었던
작은 씨앗 하나 있었네

그런 날 있었지

대가리 허연 속살 파먹으며
동태 눈깔에 눈 질끈 감던 날

깊은 바다에서 끌려나와
이 바닥 저 바닥 팽개쳐도
눈 하나 깜박하지 않는 당당함에
까닭모를 부끄러움 감추고
젓가락에 힘주던 날

지느러미 싹둑 잘리고
몸통마저 낱낱이 흩어져
숨결마저 송두리째 도둑맞아도
바다 속 누비던 기개 잃지 않고
형형한 눈빛으로 말하는 너를 보며
텅 빈 속 채우느라 바쁘던 날

버려진 동태 대가리로 배 채우며
잠시 너의 바다를 꿈꾸던 날

하얀 눈처럼

작아지고 싶다
누군가의 가슴 깊은 곳
살며시 잦아들 수 있도록

어느 날, 아주 먼 어느 날
잊혀진 손길에도 쏘옥 잡히는
아주 작은 사람이 되고 싶다

달빛 길어지고
문득 하얀 눈 바람타고 내리면
잠 못 이루는 누군가 살며시 신발 끈 맬 때

가슴 깊이 스며들어도 무심히 지나칠
한사코 가벼운 작은 사람이 되고 싶다

진심

당신의 시작이고 싶다

잠에서 깨어 눈 뜨는 순간
부드러운 입술에 살짝 입 맞추며
당신을 위해 달그락 달그락
아침 준비하는 그런 시작

당신의 마지막이고 싶다

마지막 잠을 청하는 순간
달싹이는 입술에 안녕을 고하며
새로운 곳에서 다시 만나길
기약하는 그런 마지막

4장.

여물지 않은 빗방울

여물지 않은 빗방울

겨우 백 년의 절반인 탓이다
창가에 내려앉는 빗방울이
채 여물지 않은 까닭은

지나온 바람 드세지 않았고
눈보라 역시 심하지 않았다며
결실의 계절 아직은 아니라 한다

톡 떨어지는 작은 물방울이
개울이 되고
강이 되고
바다가 되려면
조금 더 울어야 한다고

시인과 여공

그가 걷는다
그가 간단없이 지워진다
아니, 헛것인 그가 비상한다

서울이라는 사나운 동네에서 그와 내가 걷는다. 세 살 많고 적은 우리는 오누이도 선후배도 친구도 아니다. 찰나의 스침조차 없는 그와 나는 각자의 위대하거나 소소한 역사에 관악산을 끼고 '신림'이라는 글자를 잠시 공유 한다. '신림 중학교' '신림동 산101번지' 신문기자인 그가 겁탈 당한 한 여공을 이야기할 때 나는 겁탈이 예사인 거리에서 널뛰기를 한다. 시인인 그가 아버지의 부재를 가슴에 묻는 순간 나는 아버지를 어깨에 짊어진다. 거친 장마에 그의 아버지가 우수수 떠내려갈 때 빗물에 젖은 내 아버지는 한사코 술잔을 놓지 않는다. 한 번도 보지 못한 그가 말 안 듣는 육체를 침대 위에 집어던지면 너무나 말 잘 듣는 내 육신은 다락방에 몸을 누인다. 그가 물속의 사막에서 허우적거리는 걸 알지 못하는 나는 다른 한 생명을 물속에서 꺼낸다. 비틀린 현실이 그의 시 속에서 길을 찾을 때 시를 모르는 나는 작은방에서 더 작은 아이에게 다가오는 현실을 온 몸으로 끌어안는다

한 번쯤 만났더라면 좋았을 짧은 그의 여행길
잠시 잠깐도 함께 하지 못한 여공은 그를 모른 채
어쩌면, 시를 노래할지도 모르는 한 생명에게 젖을 물린다

1989년 그의 『입 속의 검은 잎』이 세상에 나올 때
여전히 그의 시를 모르는 여공은 아이의 붉은 혀를 보다가
늘그막에야 시 언저리를 더듬거리며 만나지 못한 그를
애도한다

민낯

어느 날
전화기에 찍은 하늘이라는 글자
오래 전 당신에게 준 마음의 증표

수많은 바람과 작은 희망
하늘이라는 글자에 뭉뚱그려서
사심으로 채운 하늘은 빛을 잃은 지 오래

먹구름 끼고 비바람 불어도
푸른 하늘과 하얀 구름만 그리는 어리바리
아물지 못한 날들이 제풀에 지쳐 고개 숙인다

여전히 당신은 하늘이건만
넓은 땅이 되지 못한 나의 옹졸함

익히 알면서도 지우지 못하는
부끄러운 민낯

거리의 은행나무

한껏 가지를 뻗어도 다가갈 수 없어
바람 끝에 소식 한 자 전하려고
이파리마다 꾹꾹 글자를 새겨
노란 봉투에 담아 보낸다

천 년의 하루라도
함께 할 수만 있다면

뿌리 깊은 갈증으로 숨을 헐떡거리며
너를 향해 시린 손을 흔든다

바보

그 사람이 있어
지구가 살만하다

너는 굶지 말라며
뱃가죽이 등에 붙어도
허허실실 웃는 사람

저마다의 욕심이 하늘에 오를 때
한사코 낮은음자리로 내려앉아
사막에 꽃 한 송이 피우려고
잠시도 쉬지 않는 사람

동그란 지구에서
해맑게 웃는 바보 같은 사람

그냥

심사가 풀리지 않는 어느 날
왜 사랑하느냐고 물으니 그냥

예쁘니까, 착하니까
사랑한다고 말하면 봇물이라도 터지는지

요지부동이네, 그냥

하긴, 예뻐서 사랑한다면
예쁘지 않을 땐 어떻게 살까
착하게만 살아야 하는 건 얼마나 고단할까

문득, 그런 생각을 하는 날
그냥 사랑한다는 말

그냥, 믿지 못하는
어리바리

투덜이 스머프

투덜이 스머프를 아시나요?

숲속마을에 사는 파란 요정입니다. 모든 것이 마음에 안 드는 불만투성이 스머프지요. 우리 동네에도 그런 사람이 있었습니다. 한동안 그 사람 곁에서 힘들었던 적이 있습니다. 그 사람을 만나면 늘 피곤했습니다. 아무리 토닥여도 그 순간이 지나면 다시 불평하니까요

그런데 말입니다

나도 투덜이 스머프가 되어 있는 것을 보았습니다. 도무지 앞이 보이지 않는다며 끝없이 투덜거리고 있었습니다. 언제부터 투덜거리기 시작했을까요? 하긴 언제부터 그랬는지는 중요하지 않습니다. 중요한 건 투덜이 스머프는 누구도 반기지 않는다는 사실입니다

그래도 생각해보면

외롭고 슬퍼도 그게 나여서 다행입니다
사랑하는 사람이 아프면 더 힘들 테니까요
당신이 행복했으면 좋겠습니다

그림자

찰떡인 양 달라붙어
나 없이는 못 산다더니
밤만 되면 나들이하는 너

다소곳이 고개 숙이고
힘주어 매달리던 시간 까맣게 잊고
달빛 핑계 삼아 밤마다 길 떠난다

뜨거운 태양빛 여전한데
앵돌아진 여인처럼 나 몰라라
밤이면 흔적 없는 그림자

새우

새우 한 마리 작은 집을 짓고
유유자적 바다에서 활개 치다가
그물에 걸리고 말았네

온힘 다해 몸부림쳐도
꼼짝하지 않는 창살에 갇혀
멀어져가는 집을 향해 새우눈을 하네

산호초 사이 낮은 지붕 아래
철모르는 어린 것들
누가 돌봐줄까

바다의 신이여,
그들을 보살펴주소서

바람아

알싸한 시간 가슴에 묻고 사운대는 바람 꼬드겨
엽서 한 장 가만 띄워 보낸다

철모르는 꽃분이 연분홍 치마 갈아입히고
봉긋한 가슴 괜스레 톡톡 건드리다가
아릿한 멍울만 남기고 떠나간 추억

가지 끝 몽우리 풀어지면 만나자!

달아나는 바람 꽁지머리 잡아채
남몰래 분홍빛 엽서 한 장 얹어 보내니
이제 해찰일랑 그만하고 소식 좀 전해주렴

사운대며 시치미 떼는 바람아

겨울 산책

 차갑고 어두운 거리는 한낮의 수고도 얼려버리는 걸까?
 어깨를 누르고 팔다리를 잡아당겨 도무지 고개를 들 수가 없다

 몸과 마음을 데우려고 삭정이 같은 생각을 모아 불을 붙인다

 어디에도 뿌리 내리지 못하게 깔짝거리는 거스러미
 비수처럼 파고드는 가시 돋친 말들의 몰염치를
 아궁이에 집어넣고 쏘시개로 뒤적여 불 피우듯이
 굳은 손과 발을 재게 놀려 시린 바람 막아본다

 굴뚝같은 입에서 하얗게 연기가 피어오른다

까치가 난다

까치가 낮달 한 입 베어 물고
목탁 소리 하늘에 오르는 날이면
소나무, 참나무, 아카시나무까지
나지막이 고개 숙이고 달빛 모은다

산자락 끄트머리 낮은 지붕
허름한 밤 홀로 건너는 신음소리
창문 틈새로 빠져나와 산에 오르면
달빛 아래 묵상하던 까치 날개를 편다

아무도 보지 않는 한 사람
잦아드는 숨소리 품에 안고
달빛 채운 까치가 하늘을 난다

절 지붕위에서 부처가 된 까치에게
소나무, 참나무, 아카시나무까지
모아두었던 달빛 고스란히 내어주며
한 사람의 마지막 길 함께 하라 한다

마곡사 소나무

마곡사 뜨락,
소나무 한 그루

눈꽃모자 멋들어지게 쓰고
댕그렁 댕그렁 연등을 흔든다

가지마다 둥글게 웃는 얼굴 조롱조롱 매달고
이 순간을 잊지 말라고 속삭이면서
한들한들 춤을 춘다

봄 여름 가을 겨울
가지가 휘도록 매달린 연등꽃

높은 사람 낮은 사람 가리지 않는
소나무 연등이 오늘도 소원을 빈다

마지막 순간

아랫동네 김 씨네 갚지 못한 연탄 값
안 씨네 구멍가게 빗금 친 술값

어느 곳 하나 안주하지 못하고
뜨겁게 살아보지 못한 껍데기를
천이백 도의 화구에서 하얗게 불태운다

한 생이 절구에서 가루가 되어
항아리에 담긴다

존재의 흔적을 받아들고
눈물 한 방울 흘리지 않는 너를 보며
아주 잠깐 후회를 한다

종이배

저무는 강가에 앉아
종이배 하나둘 띄워 보낸다

깨진 무릎 호호 불며
눈물짓던 아이를 태워 보내고
아귀 같은 뱃속을 달래줄 냉수 한 사발
친구의 하얀 칼라에 흔들리던 아이도 띄운다

갈증인지 배고픔인지 모를
팽팽한 허기

종이배 놀이를 끝내니
비로소 들숨날숨이 자유롭다

병실 풍경

하나, 둘…… 다섯, 여섯
시름에 겨운 얼굴들 나란히 누워

다른 듯 같은
같은 듯 다른 신음 소리가
유령이 되어 떠도는 곳

남기고 온 추억, 못다 한 약속
외줄 타고 톡톡 떨어지는 눈물이
머리맡에 스며들어 깨어날 줄 모르는데

푸른 하늘 흰 구름을 언제 보았는지
알 수 없는 앞날에 매여 허둥지둥 달리다가
사방 하얀 벽에 갇히고 말았네

떨치고 일어나면
오늘만 생각하며 살리라

연탄재 2

따듯한 품속에서 끌려나와
비탈진 골목에 팽개쳐진 창백한 얼굴

구멍 난 몸 샅샅이 불길로 타오르다가
기어이 발길에 차이는 그녀들

타들어가는 가슴

하얀 눈송이 덮어쓰고
가만히 웃는다

자명종

요란스레 울어대던 자명종 소리
들은 지 오래이다

달의 길이에 상관없이
한밤을 채우지 못하는 서성임이
잠을 야위게 한다

화들짝 놀라
이부자리 걷어내고
아이들 눈곱 떼어주던 아침을 맞고 싶다

하얀 머리를
달빛 아래 머물게 하는 밤,

한사코 침묵하는 시계를 본다

5장.

마음이 가는 길

가로등

오갈 데 없는 늙은이
가로등을 끌어안는다

한 잔 소주 마시며
라면 국물로 허기 달래도
고향 가는 길 찾지 못해
흔들리는 눈동자

마주 안은 가로등
아무런 말없이
늙은이 등을 쓸어준다

성적표

어디에 사세요
몇 평이나 되나요
시세가 얼마인가요

남의 집에 세 들어 삽니다

순간, 반짝이던 살림살이 빛을 잃고
어리바리 성적표에 비가 내린다

태생이 야물지 못해
남위에 올라서지 못하고
선하게 받아들인 길

부모 봉양에 어린 동생들 뒷바라지
부등깃에 힘 실어주느라
자기 몫 챙기지 못했다

밤하늘 별은 알겠지

베갯잇 가득 짠내 나는 땀
진창에 새긴 발자국이
전부는 아니라는 걸

낙엽

여물지 않은 시간이
하나 둘 떨어진다

애벌레의 긴 시간 지나
마지막 통과의례 치르며
죽어라 울던 매미 간 곳 없고
채 익지 못한 파릇한 시간
햇볕 쨍쨍한 계절 그리워
매연 가득한 거리에서
뒹굴다가

뒹굴다가
발길에 툭 채인다

여름

뜨겁게 들이닥쳐
옴짝달싹 못하게 하더니
앵돌아진 얼굴로 모르쇠 한다

살갑던 순간 언제인지
무심한 등이
내미는 손을 웅숭그리게 한다

한사코 들이밀며 활활 태우다가
한 순간,
그녀가 떠난다

진달래

키 큰 나무 피해 자리한 바위 틈새
연분홍 고운 색시

말하지 못한 시간의 옹이가
화석이 되어가네

풀지 못한 족두리
돌아올 줄 모르는 신랑

얼기설기 얽힌 인연의 뿌리
끊어내지 못한 아득한 그 밤

바람만 무심히 스쳐가네

검은 고양이

살그머니 다가와 갖은 아양 떨더니
쏜살같이 달아나는 고양이

내 맛깔난 순간을
훔쳐가네

젊은 날의 꿈과 사랑
옹이진 손마디에 움켜쥐고
검은 고양이 한 마리 훌쩍 담을 넘네

나지막한 하늘을 이고
고양이 발자국을 뒤밟으며
아스라이 날리는 하얀 머리칼

젠장

살다보면
살아진다는 말

진실이라면
아직 덜 살았나보다

하루 넘기는 일
유난스러워, 공연히 머리 쥐어박으며
어찌 살아야 할지 고민한 날이 적었나보다

백년은 살았지 싶은데
앞이 보이지 않는 아득함

몇 굽이를 더 넘어야
살다보면 살아진다는 말
알 수 있을까

언감생심

황소 같은 그녀
아들 여섯, 딸 둘 낳도록
산바라지는 언감생심

젖 달라는 아이 나무에 묶고
읍소하며 씨 뿌린 시간들
엄마처럼 살기 싫어
세상으로 나간 자식들
된바람은 안 맞는지
보고 싶은 마음도 언감생심

시도 때도 없는 속 쓰림
찬밥 한 덩이, 김치 한 쪽으로
허리 굽힌 날들의 흔적을 지우며
무소식이 희소식이라는 말 곱씹는다

천사들이 산다

나무가 있어야 할 자리
꽃이 피고 물이 흐르는
그 자리에 천사들이 산다

낮은 지붕 초라한 밥상
누구 하나 내세울 것 없지만
마음만은 꽃보다 고운 천사들
옹기종기 모여 잠을 잔다

사람으로 살 수 없는 골짜기
날개 잃은 천사들 모여
나무인 양 숨을 쉰다

나무도 꽃도 사람도 아니기에
산그늘 아래 돌멩이처럼
흐르는 샘물 끌어 당겨
빛바랜 희망을 닦는다

인동초

흙수저 하나 들고 세상구경 나오니
서럽고 억울한 일 어찌나 많은지
애쓰고 안달하여 은수저 하나 쥐었네

은수저 살림살이 그마저 쉽지 않아
간 쓸개 다 내주고 금수저 움켜쥐니
금수저 찬란하기가 다시없는 영광이네

아뿔싸,
손아귀에서 빠져나온 금수저
땡그랑 바닥 치며 곤두박질하니
흙수저, 은수저, 금수저
한순간 꿈이 되었네

여정

이른 봄,
씨알 하나
희망을 품는다

햇살과 바람
달빛과 빗방울로
빈속을 채운다

가을 낙엽이 휘날리면
바람에 휩쓸리지 않으려
가만 고개 숙인다

씨알이 걸어온 시간
한 그릇의 밥이 된다

꽃핀 하나

단발머리 짝꿍 보이지 않아
하늘 노래진 떠꺼머리
빛바랜 꽃핀 하나 꽂고
불빛 찬란한 도시를 떠돈다

찬바람 부는 길모퉁이마다
짝꿍 찾는 발자국 휘휘 돌고
정수리에 서리꽃 피어나도록
찾을 수 없는 단발머리

뿌리 내리지 못한 부평초의 가슴에
여전히 살아있는 꽃핀 하나

꽃과 나비

파르르
나비 한 마리
머무를 곳 찾아 두리번두리번

키 작은 민들레
갈무리한 꽃잎 펼치며
어서 오라 손짓하네

아주 잠깐

노란 눈동자의 버스가 온다

새벽하늘 서서히 눈 뜨고
밤의 날개 스륵 접히는 순간
새로운 하루에 발을 내민다

푸석한 마음 다독이며
차창 너머 동트는 거리
무심한 눈길로 바라본다

순간 반짝이는 이슬은
별빛일지도
언젠가 아주 잠깐
하늘과 땅을 잇던 그 밤의 별빛

꿈꾸는 숫자들

잉크 마를 새 없이
서둘러 챙기는 행운의 숫자들
천원으로 챙기는 달콤한 화양연화

아라비아 숫자 고고성 지르면
뒤틀린 위장 쓰다듬고
눈칫밥 먹는 가족 불러 모아
"고생 끝!"
소리치리라 다짐해본다

낡은 주머니 속 숫자 몇 개
이내 신기루처럼 사라져도
차마 버리지 못하는 천원의 희망

무료 급식소 옆 복권 방에 모여
애면글면 반전의 꿈을 꾸는 숫자들

민달팽이

저마다 집이 있건만
집 하나 없는 민달팽이

꼬불꼬불 지나간 자리
느릿한 그 모습 바라보며
작은 한숨 내뱉으니

민달팽이 눈 흘기며
더듬이를 흔든다

가벼워서
참 좋다며

마음이 가는 길

분명 당신은 알거야
마음이 어디로 가는지
말하지 않아도 언제나
가는 곳 정해져 있지

작은 웃음으로
미세한 손 떨림으로

종일토록 맴도는 마음
모른 척 하는 당신이지만

마음이 가는 길
영영 보답 받지 못해도
말리지 못하는 나라는 걸
당신 알고 있지, 충분히

| 작품해설 |

『기차와 김밥』에 나타난 자아 치유적 삶

김명아
대전문인총연합회장

I

　하희경 시인과의 만남은 2019년 대전시민대학 '시 창작 교실 힐링 포엠'에서였다. 필자가 시민대학에 2014년도에 강좌를 개설하고 5년이 흐른 뒤였다. 먼 이국의 여행을 마치고 돌아온 여행자처럼 몹시 지쳐있는 모습이었다. 여행에서 돌아온 여인은 할 이야기가 많았다. 그간 보고 들은 이야기는 모두 글이 되어 흘러나왔다. 몸은 지치다 못해 쇠약해 있었지만 여행 이야기는 끝이 없었다. 긴 기차는 이어진 객차마다 사람들을 가득 싣고 기적 소리를 내며 달린다. 객차마다 다른 사람들의 다른 이야기를 싣고 달린다. 시인은 그 이야기를 맛있는 김밥으로 생각하고 있는 듯하다. 자신과 함께한 사람들의 이야기를 김밥처럼 맛있게 풀어내고 있는 것 같았다.

기차 안에 있는 사람들의 얼굴을 보면 상형문자처럼 제각각 가지고 있는 이야기가 다르다. 아니 다른 듯 같다고 해야 옳은 표현일 것 같다. 시인도 한 사람의 승객으로 말없이 덜컹거리는 차에 몸을 맡기고 입으로 말하지 않고 이야기를 적고 있다.

> 작은 새 한 마리가 운다/ 흙투성이 몸으로 꺽꺽 토악질 한다/ 꼬물대는 벌레에 한눈파느라 하늘 한 번 올려다보지 못했다/ 바람이 부르는 소리, 나 몰라라/ 날개옷 까맣게 잊고 해찰하더니만/ 찬 대지에 엎드려 꺽꺽 운다

「작은 새」에서 시인은 자신을 작은 새라고 생각하며 울기 시작한다. 흙투성이 몸으로 꺽꺽 토악질하는 것은 잘 못 살아온 과거를 뱉어내는 것이다. '꼬물대는 벌레에 한눈파느라 하늘 한 번 올려다보지 못했다'라는 이야기는 먹고 사느라 '바람이 부르는 소리'를 알아듣지 못하고 하늘을 날 수 있는 날개가 있는데 날개 한 번 제대로 펴보지 못하고 '찬 대지에 엎드려 꺽꺽 운다'라고 했다.

그는 울음을 그치지 않고 이 시집에서 울다가 웃고 가끔은 날개를 펴고 하늘을 날기도 한다. 자신의 날개옷을 소중히 간직하며 자아를 찾아 떠나는 작은 새의 여행 이야기를 펼치고 있다.

시인은 「매미의 수다」에서 자신을 매미와 동질화시키고

있다. 시를 쓴다는 것은 자신을 달래는 일이다. 자아 긍정 과정을 통해 자신을 사랑하므로 자기를 가치화시키는 숭고한 행위이다. 하희경 시인은 매미가 되어 매미한테 위로를 받고 있다.

"너무 시끄러워/ 제발 입 좀 닫으라고/ 창문 열고 소리 지르는 너"라고 말 하고는 매미가 하는 이야기를 듣는다. 매미는 하희경 시인에게 "잠시 내 말 좀 들어볼래?"라고 말하며 "칠 년의 시간을 땅속에 있었어. 어둡고 축축한 나무뿌리를 붙잡고 유배당한 이유도 살아갈 의미도 모른 채 죽지 않기 위해 안간힘 썼지…."라는 소리를 들으며 자신과 같은 처지를 견뎌온 매미의 이야기를 듣는다. "너라면 궁금하지 않겠니?"라고 자문하면서 시인은 다시 매미의 언어를 터득한다.

"햇살이 따갑고 바람의 스침이 낯설어서 하늘을 향해 외치고 땅을 보며 항변했지. 내가 살아가는 이유를 알려달라고. 오랜 시간 닫았던 입을 열어 목청껏 소리 지르는 거야. 어쩐지 시간이 별로 없을 것 같아서 열심히 묻는 거야// 너, 나에게 알려 줄 수 있니?"

시인은 매미를 보며 자신을 위로받고 있는지도 모른다. 이미 매미가 되어 자신에게 알려달라고 애원하는 것은 자연을 관조하며 깨달았다는 것을 의미하는 것으로 성찰의 경지에 이르렀음을 말하고 있다. '어쩐지 시간이 별로 없을 것 같아서 열심히 묻는 거야'라고 말한 것은 매미도 한 철이라고 여름이 가면 왕매미는 수명을 다하여 가을을 살지 못하고 간다는 것을 알고 있다. 사람도 영원한 것이 아니므로 인생의 가을 문턱에 들어선 시인의 마음이 나타나 있다. 급하기보다는 남은 삶을 아름답게 살고 싶다는 마음이 녹아있는 표현이다.

하희경 시인이 필자의 강의를 들으면서 빠짐없이 출석하는 자세부터가 구도적이었다. 자신의 건강을 위해서라지만 괴정동에서 시민대학까지 7~8km 거리를 주로 걸어 다닌다. 스마트폰으로 길가에 풀꽃을 카메라에 담고 갑천 둔치에 있는 오리와 왜가리를 바라보며 사색의 시간을 즐기며 시를 얻으며 즐거운 삶을 살고 있다. 이 시집은 시인의 순례자로서 자기 삶의 이야기를 담은 의미 있는 시집으로 몇 편의 시를 분석하고자 한다.

Ⅱ

시인은 「양파 탓이야」에서 다시 양파가 된다. 요리에 빠질 수 없는 먹거리가 양파다. 까고 까도 속이 없는 껍데기만 겹겹이 싸여있는데 도마 위에 놓고 난도질을 하는 자신이 눈물을 흘리는 것은 매워서인지 양파가 되어 자신이 부서지는 아픔 때문인지 혼미한 상태에 젖어 들게 한다.

> 껍질 벗기고 흐르는 물에 씻어
> 네모난 도마에 올린다
>
> 동그란 몸 꼭 잡아
> 날카로운 칼로 저며도
> 악, 소리 한 번 못하는 어리바리
>
> 먹지 않을 짜장 만들며
> 공연히 칼질만 요란스레 탕탕
> 까만 속 감추고 짜장 만드는 날
>
> 두 눈 가득 채우는 눈물은
> 순전히, 양파 탓이야

시인은 "두 눈 가득 채우는 눈물은/ 순전히, 양파 탓이야"라고 표현했지만, 이것은 역설적 표현이며 칼로 저며지는 아픔 때문이다. 그 아픔을 피하지 않고 수용하는 마음 자세를 가지고 있다. 자신이 필요한 곳에 쓰이기를 바라며 자기희생을 감내하겠다는 의지의 표현이다. 시인은 일상적인 일을 하면서도 삶의 의미를 발견하고 다짐할 수 있다는 것을 보여주고 있다.

동백꽃은 요절을 상징하는 꽃이다. 아직 더 오래 피어있을 것만 같던 싱싱한 동백꽃은 꽃송이 채 뚝 떨어지는 꽃이다. 시인은 「동백꽃」에서 "가만 눈 감으면 툭 떨어지는 동백꽃 한 송이"라고 했다. 시인 자신이 투영된 표현이다. 수많은 꽃 중에 동백꽃 한 송이라고 노래하며 동백꽃처럼 '책만 보는 바보' 같은 선비를 도입시켰다. 본인이 책을 보기를 좋아하고 공부하기를 좋아하는 선비라는 의미가 내포되어있다. 그렇게 자신의 의미를 찾아 공부하다 간 선비의 뒤를 따라가겠다는 의지를 나타내고 있다.

가만 눈 감으면
툭 떨어지는 동백꽃 한 송이

오래전 생명선을 갈무리한
'책만 보는 바보' 같은 한 선비
작은 내 가슴 안으로 성큼 들어선다

앞서간 발자국에 도장을 찍으며
시끄러운 마음 쓸고 닦으며 따라가는 길

깔끔한 마무리 언제였는지
곱씹어 헤아려도 생각나지 않지만
늦지 않았길 바라며 동백꽃 하나 새긴다

언제 떨어질지 모르는 동백꽃을 생각하며 항상 뒤끝이 깔끔히 마무리되도록 삶을 정돈하며 살겠다는 시인의 의지는 생사를 초월하고 있다.

시인은 다시「곡비」에서 크게 운다. 억수 같은 비를 맞으며 목울대 열어 소리 높여 울어도 하늘이 우는 빗줄기 소리와 합하는 순간을 맞고 있다.

내딛는 발자국마다
옹이진 빗방울 하나 둘

가슴 벅찬 순간 언제였을까?

목울대 열어 소리 높여도
한 맺힌 빗줄기 멈출 줄 모르고
가엾는 시간 저 홀로 스쳐 지나네

전생의 업 끝나는 날
옹이진 눈물 바람에 날리고
햇살 아래 꽃처럼 곱게 피어나길

하희경의 시에서는 다양한 표현 장르를 볼 수 있다. 시인이기 전에 수필가로도 등단한 시인이다. 경험 세계를 수필로 풀어내는 힘이 시 창작에 전이되어 산문시를 접할 수 있다. 산문시는 긴 이야기를 함축하여 의미 있는 메시지를 던진다. 산문시를 쓰다 보면 공간적 장면의 변화와 시간적 상황의 변화 등을 볼 수 있다.

하 시인은 일상생활을 하다가 훌쩍 사유의 여행을 떠나

기도 한다. 투우가 싸움한 후 퀘렌시아를 찾아 휴식을 즐기듯 바닷가를 찾는다. 그의 「순간」이라는 시에서 시공간의 변화를 꾀하는 극적인 효과를 엿볼 수 있다. 갯벌에서 시작한 사유의 여행은 유년 시절로 돌아가 과거를 여행하다가 다시 갯벌에 서서 현재의 자아를 인식하고 있다.

> 벌거숭이 갯벌에 새겨진
> 굽이굽이 주름살 들여다보다
> 불현듯 산비탈 낡은 집으로 달려간다
>
> 얄궂은 숨쉬기 멈추지 않고
> 끈질기게 살아남으려 애쓰던 아이
>
> 버려진 동태 대가리 주워 모아
> 허기진 창자에 어두일미라 이르며
> 치미는 부끄러움 모른 척 하던 아이
>
> 연탄 한 장 아까워 숨구멍 틀어막으며
> 구멍 난 창문 두드리는 황소바람
> 철 지난 옷으로 가리던 아이
>
> 그래, 그런 시절 있었지
> 팔자 도망은 못 한다는 말
> 털어내려고 안간힘 쓰던 순간들
>
> 마침내,
> 물길 떠난 갯벌에 몸 세우고

고개 흔들어 지난 시간 털어내며
용케 잘 살았구나 싶은 지금 이 순간
ㅡ「순간」전문

 썰물, 갯벌에 새겨진 굽이굽이 주름살 들여다보다가 불현듯 달려가는 곳이 있었으니 어릴 적 살던 산동네 낡은 옛집이다. 생각은 시간과 장소를 초월하여 유년으로 간다. 산비탈 판자촌으로 달려가는 것이다. 어려운 삶의 환경에서 살아남기 위해 "얄궂은 숨쉬기 멈추지 않고/ 끈질기게 살아남으려 애쓰던 아이"였던 자신을 떠올리는 것이다. 생선가게에서 버리는 동태 대가리를 얻어다 어두일미라며 부끄러움 모른 척하던 과거의 자신을 만나고, 겨울이면 연탄 한 장의 온기에 몸을 데우며 구멍 난 창문 황소바람을 헌 옷으로 막던 유년의 자아를 만난다. 사람 팔자는 도망도 못 간다는 말을 털어내려고 애썼지만, 그 가난을 벗어나지 못하는 운명을 수용하며 다시 갯벌에서 일어나는 "용케 잘 살았구나" 뇌까리는 독백이 큰 소리로 들려온다. 시 한 편 속에 소설 한 권이 영화처럼 보인다. 주목할 것은 이 시의 제목을 「순간」이라 정한 것이다. 고비마다 넘겨온 과거의 점철된 순간을 의미하기도 하지만 인생 전체가 한순간처럼 지나가고 있다는 사실을 깨닫고, 남은 순간이 얼마일지 모르지만 잘 맞이하고 싶다는 내적 성찰의 의미를 지니고 있다.

시인이 노래하는 대상은 자기 자신이다. 외부에 있는 바다나 산이 아니라 자신을 찾아가는 길의 초입에 들어서기 위해 자연을 도입하고 있다. 그런데 직설적으로 표현한 「그녀」가 있다.

> 언제 그녀를 만났을까
>
> 작은 얼굴 질끈 동여맨 머리
> 지친 눈동자에 서린 안개비
> 무엇이 그녀를 아프게 하나
>
> 마주한 시선 피하지 못하고
> 오래된 주문을 외운다
>
> 힘을 내! 괜찮아
>
> 긴 시간 함께 걸어온
> 거울 속 그녀에게 말을 건넨다
> ―「그녀」 전문

거울을 바라보며 "언제 그녀를 만났을까"라고 자문하면서 소녀 시절 자아를 그려낸다. "작은 얼굴 질끈 동여맨 머리/ 지친 눈동자에 서린 안개비/ 무엇이 그녀를 아프게 하나" 현재의 얼굴 위에 겹쳐 비치는 자화상을 바라보며 자신에게 위로를 보낸다. "힘을 내! 괜찮아" 아직도 걸어갈 날이 많이 남아있는 자신에게 말을 건네고 있다. 늘 자신에게 위로와 격려를 보내는 애기(愛己) 정신이 사람을 감동하게 한다. 시를 쓰는 첫째 목적이 자기를 사랑하는 데 있어야 한다. 지나치게 남을 인식하거나 독자를 생각하며 글을 쓰는 행위는 위선적일 수 있지만 애기 정신으로 글을 쓰는 것은 나를 존귀하게 하는 성스러운 행위이다. 애기애타(愛己愛他) 정신은 애기를 하여 힘이 생겨야 애타를 할 수 있으므로 일을 하는 것도 공부하고, 시를 쓰는 것도 애기하는 것이다.

  시인은 다시 자신을 발견한다. 안개 낀 흐릿한 밤 지나온 발자국을 회상해보니 곧은길은 없었고 삐뚤빼뚤 곡절이 많았음을 안다. 남에게 속 얘기 못하고 누가 알세라 싹싹 지웠다고 노래한다. 시인은 지웠다고 했지만 지워지지 않았기 때문에 살아나는 것이다. 역설적인 표현으로 본인이 다 지웠다고 했으나 지워지지 않고 시로 다시 부활하고 있음을 부인할 수 없을 것이다. 시는 똑같은 서사적 사건이지만 시를 쓸 때마다 다르게 부활한다. "나는 어디에" 있냐고 노래했지만 그 답은 '다시 태어나는 나'라고 말할 수 있다.

    안개 낀 흐릿한 밤
    더듬더듬 지나 온 발자국
    밝은 날 돌아보니 삐뚤빼뚤
    제멋대로 여기 하나 저기 하나

행여 누가 볼세라 서둘러
하나 둘 싹싹 지웠네

아뿔싸!

나는 어디에

—「나는 어디에」 전문

Ⅲ

앞에서 하희경 시인은 시를 통해 자신의 존재를 인식하며 자아를 찾고 있다. 시인은 다시 태어나 새로운 세상을 주유하며 산다. 시인은 꿈을 꾸며 다시 살아나 지난 과거를 회억하여 다시 살려내려는 의지가 「꿈」에 나타나 있다. 나지막한 자리에서 꿈을 꾼다는 것은 일어서야겠다는 의지와 누워있는 것들을 일으켜 세우겠다는 말이다.

나지막한 자리에서
꿈을 꿉니다

하늘, 바다 그리고 당신
달빛 아래 흔들리는 꿈

오래된 골목길 들어서는
자박이는 발자국 소리

행여 지나칠까 두려워
촛불 하나 세우는 꿈

―「꿈」 전문

"오래된 골목길 들어서는/ 자박이는 발자국 소리"는 현재를 탄생시킨 과거를 부활한 성자가 성스럽게 답사하며 행여 작은 것이라도 지나치지 않고 세심히 대하며 그 앞에 촛불 하나씩 세우는 꿈을 꾸고 있다는 것이다. 지난 시간의 흔적이 우연이라고 생각하지 않고 필연의 역사로 간직하고 싶은 것이다.

시인은 아버지를 소환한다. 어려운 살림에 지쳐 술에 의지하여 쓰린 나날을 지내던 아버지가 증오스러워 아버지 손끝에 술잔이 닿으면 하늘이 무너지는 것 같았다는 표현을 천둥 번개가 치고 요란하게 비가 쏟아졌다고 표현했다. 이제 와 생각하니 아버지가 선택한 술은 아버지가 사는 삶의 고통을 지우려는 몸부림이었다는 걸 몰랐다고 고백하고 있다.

당신 손끝에 술잔이 닿으면
천둥번개 요란한 비가 쏟아집니다

당신의 선택은 하루나 영원이 아닌
사각대는 소리 지우려는

몸부림이었다는 걸 몰랐습니다

술에 취한 당신과 함께 한 순간들이
하늘빛 가리는 그림자가 되어
오래도록 길을 잃었습니다

까마득한 시간 지우다가
이제야 간신히
내 사랑 당신이 평화롭기를 빕니다
—「아버지」 전문

  술에 취한 아버지와 함께 살았던 순간들이 하늘빛 가리는 그림자가 되어 오래도록 어두운 길을 걸었다고 한다. "까마득한 시간 지우다가"는 가난과 무지의 그늘에서 벗어나려 애쓴 시간이 한평생을 보내고 "이제야 간신히/ 내 사랑 당신이 평화롭기를 빕니다"라고 아버지를 사랑한다고 말하며 그 영혼의 평화를 빌고 있다.

  시인은 아버지에 관한 생각을 여기에서 멈추지 않고 「너의 아버지」라는 시에서 아버지를 절대자로 신격화시켰다. 자신이 절대자가 되어 자신에게 고백하듯 "너의 아버지는 산이다", "너의 아버지는 바다다", "너의 아버지는 하늘이다", "너의 아버지는 땅이다"라고 노래하고 있다. 그리고 아버지를 의지하고 믿고 있으며 찬양하고 있다. "기댈 수 있는 아버지", "까만 밤 등대 같은 아버지", "달빛처럼 늘 따라다니는 아버지"라고 하였다.

>너의 아버지는 산이다
>험한 세상 바람막이되어
>언제나 부족하지 않게 채워 주고
>때 묻은 마음과 나달해진 몸
>기댈 수 있는 아버지
>
>너의 아버지는 바다다
>한 잔 술에 목청 높여도
>달달한 눈깔사탕 잊지 않고
>우는 아이 빈 가슴 달래주는
>까만 밤 등대 같은 아버지
>
>너의 아버지는 하늘이다
>때때로 먹구름 들이닥쳐도
>천둥번개 비바람 온몸으로 막아
>햇살과 바람으로 자식들 기운 돋우고
>달빛처럼 늘 따라다니는 아버지
>
>너의 아버지는 땅이다
>뿌린 만큼 거두는 진리 믿으며
>오로지 자식 잘되기만 가슴에 담고
>묵묵히 너의 양식으로 남아버린
>묵은 시간의 열매 아버지
>
>―「너의 아버지」 전문

"묵은 시간의 열매 아버지" 늦게 깨달은 아버지에 대한 신앙은 아버지가 나를 세상에 낳아준 분으로 나의 세계에서는 절대자로 깨달은 효심의 발로이다. 아버지의 말씀을 자연이 주는 언어에서 찾아내는 시인의 사유의 세계에 공감하지 않을 수 없다. "뿌린 만큼 거두는 진리 믿으며/ 오로지 자식 잘되기만 가슴에 담고/ 묵묵히 너의 양식으로 남아버린/ 묵은 시간의 열매 아버지" 한평생을 다 보내야 깨달아지는 아버지의 뜻을 '묵은 시간의 열매'라고 표현한 것은 놀라운 깨달음의 결과이다.

시인은 어머니를 노래한다. "아들 등에 고개 숙이고/ 딸 그림자에 입 맞추면서" 아침에 학교나 일터로 나가는 아들 딸을 배웅하고 맞이하는 어머니 마음을 담았다. "하루의 시작과 끝을 잇는 그녀/ 뜨는 해는 아들에게/ 달빛은 딸에게 돌리며"는 상징적으로 해는 남성에게 달은 여성에게 비유했지만 자식을 해와 달처럼 어머니의 희망을 담은 대상으로 표현하였다. 어머니는 아들 달을 해처럼 달처럼 존귀하게 여기고 밤낮없이 자식 잘되라고 허리 굽혀 간구하는 키 작은 그녀로 묘사하였다.

아들 등에 고개 숙이고
딸 그림자에 입 맞추면서

하루의 시작과 끝을 잇는 그녀

> 뜨는 해는 아들에게
> 달빛은 딸에게 돌리며
>
> 밤낮없이 자식 잘되라고
> 허리 굽혀 간구하는 키 작은 그녀
> 그녀가 떠난 어느 날
> 지구는 외딴 섬이 되고
>
> 우리는, 그만
> 미아가 되었다
>
> —「어머니」 전문

어머니를 키 작은 그녀라 부른 것은 가엽고 나약한 존재로, 어머니가 감당하기 힘든 생활고를 지고 있음을 나타냈는지도 모른다. 어머니를 삼인칭 그녀로 묘사하여 거리감을 둔 것은 키가 작은 여자의 상상할 수 없는 생활력에 경이로운 존재로 생각되었기 때문일 것이다. "그녀가 떠난 어느 날/ 지구는 외딴 섬이 되고" 어머니가 돌아가신 날 지구는 쓸쓸한 외딴 섬이 된듯하다는 것은 커다랗게 생각되었던 섬이 어머니 없는 지구는 보잘것없는 작은 섬으로 축소되는 것이다. 그 섬에 쓸쓸히 남아있는 처지를 "우리는, 그만/ 미아가 되었다"로 표현했다. 의지할 사람이 없다는 것은 집을 잃은 미아와 같은 것이다.

삶의 현장에서 일을 가리지 않고 하는 자신을 카멜레온이라고 칭하고 갖가지 사람들을 대할 때마다 보호색을 띠는 자신을 카멜레온이라 부르고 있다.

> 살기 위해, 살아남기 위해
> 눈동자 데굴거리며 눈치 보네
>
> 곁에 있는 아무라도
> 뜨거우면 뜨겁게, 차가우면 차갑게
> 홀로 서는 법 잊은 지 오래라네
>
> 매달린 동아줄 놓칠세라
> 온몸으로 안간힘 쓰며
> 크고 작은 가지 넘나들고
> 천지사방 데굴거리는 눈동자로
> 온 세상에 색깔맞춤 하네
>
> ―「카멜레온」 전문

 생활 전선에 나선 사람들은 누구나 직업에 맞는 보호색을 하고 있다. 살기 위해 살아남기 위해 카멜레온처럼 눈동자 데굴거리며 눈치를 보는 카멜레온이 된다. 자신도 예외가 아님을 고백하고 있다. 상대가 누구라도 뜨거우면 뜨겁게 차가우면 차갑게 비위를 맞추며 사는 세상살이는 홀로 살 수 없는 세상이라는 것을 깨달은 지 오래라고 말한다. 생활 전선에서 열심히 일하는 사회구조를 터득하고 "매달린 동아줄 놓칠세라" 생업에 매달려 "온몸으로 안간힘 쓰며 / 크고 작은 가지 넘나들고/ 천지사방 데굴거리는 눈동자로/ 온 세상에 색깔맞춤 하네"라고 자신의 생활 전선 모습을 카멜레온에 빗대어 말하고 있다. 사람들은 카멜레온을 나쁜 비유로 생각하는데 하 시인은 자신을 카멜레온이라고 당당하게 말하고 있다. 모든 생명체는 자신의 환경에 맞는 색으로 보호색을 하고 살아간다. 자벌레는 연두색이고 파랑새는 나뭇잎 색이며 여름 메뚜기는 파란색을 띠었다가 가을이면 누런색으로 변한다. 사람은 몸의 색이 변하는 것은 아니지만 사람을 대하는 태도와 언행이 대하는 사람과 파장을 같이해야 하는 카멜레온이다. 용감한 비유는 열성적으로 살았다는 당당함이고 생존의 원리를 깨달았다는 고백이다.

「야생화」에서 시인의 아름다운 마음을 볼 수 있다. "곱디고운 너를/ 혼자만 보겠다고/ 담장 안에 가두어서 미안"하다고 하였다. 자연 속에서 자유롭게 피고 지는 야생화를 울안에서 옮겨 심어 기르는 어리석음을 고백하고 있다.

    곱디고운 너를
    혼자만 보겠다고
    담장 안에 가두어서 미안

    귓가에 맴돌던 낮은 웅얼거림이
    너의 눈물이라는 걸 겨우 알았어

나날이 야위어가는 너에게
너무 늦지 않았기를 바라며
서둘러 담장을 허문다

—「야생화」 전문

　야생화를 볼 때마다 낮은 웅얼거림이 들리는 듯 불편하여 야생화의 눈물이라는 걸 겨우 알았다는 것이다. 나날이 야위어가는 야생화를 너무 늦기 전에 "서둘러 담장을 허문다"고 했다. 여기서 사는 집의 담장을 허문다는 이야기가 아니라 갇혀있는 야생화를 살고 있던 야생지에 옮겨 심는다는 이야기이다. 인간이 아닌 야생화를 대하는 시인의 정서는 인간 세상에서 쉽게 볼 수 없는 야생화 같은 모습이다.

　「소주 한 잔」이라는 시를 통해 시인의 또 다른 면을 엿볼 수 있다. "찰랑이는 술잔을 두 손 모으고/ 미동 없이 고개 숙인 남자"는 분명 혼자 주막에 앉아 있는 모습으로 경건함마저 느껴진다. "외딴섬마냥 홀로 앉아/ 소주잔 너머 아득히 먼 곳을 본다" 집에는 식구들이 있고 함께할 수 있는 친구들도 있겠지만 혼자 있고 싶을 때 숲속으로 가거나 냇가로 가지 않고 낯선 주막에 홀로 앉고 싶을 때가 있다. 이때는 누구도 필요 없고 소주잔을 붙들고 생각을 정리하고 새로운 힘을 충전하고 싶은 것이다. 이윽고 넘기는 한 잔 술은 "쨍하고 부딪치던 날선 시간들/ 젊은 날의 치기까지 꿀꺽" 넘기는 것이다.

> 찰랑이는 술잔에 두 손 모으고
> 미동 없이 고개 숙인 남자
>
> 외딴섬마냥 홀로 앉아
> 소주잔 너머 아득히 먼 곳을 본다.
>
> 쨍하고 부딪치던 날선 시간들
> 젊은 날의 치기까지 꿀꺽
>
> 한 잔 술에 가만 기대앉은
> 남자의 정수리가 하얗다
>
> ―「소주 한 잔」 전문

"한 잔 술에 가만 기대앉은/ 남자의 정수리가 하얗다"에서 남자의 나이를 짐작할 수 있다. 중년이 넘어 장년의 모습이다. 머리가 하얗게 센 나이에 술집에 혼자 앉아 자신을 추스르는 모습을 애잔하게 생각하고 있다. 소주 한 잔의 힘이 아니라 소주 한 잔을 마시며 가슴의 응어리를 씻고 복잡한 머리를 식히는 일상의 모습에 공감하는 것이다.

시인은 보통 사람들의 눈에 들어차지 않는 곳에 시선이 멎는다. 보잘것없는 자연에서 위로의 힘을 얻기 때문이다. 바다 한가운데 속살 드러낸 바위와 산 중턱에 맨몸 드러낸 바윗덩이로부터 위안을 얻고 있다.「괜찮아, 괜찮아질 거야」는 시의 주제가 시의 제목으로 표현되었다. 될 수 있으면 시의 주제가 제목에 노출되는 것을 피하는 것을 권하고 싶다. 시의 여운의 맛을 감소시키기 때문이다. 시는 종소리와 같다. 울림이 큰 소리보다 여운이 긴 소리가 좋은 종이듯 독자의 마음을 오래 울려주는 시가 좋은 시이다.

> 바다 한가운데 속살 드러낸 바위 천년만년 절절히 쌓인 이야기 파도만 들먹이니 천만다행이지. 높은 산 중턱에 자리 잡은 바위 가감 없이 드러난 민낯 감출 수 없어 낯 뜨거운 시간 어이 견디나
>
> 켜켜이 쌓인 이야기 풀어헤쳐 매듭 하나 맺는 일 지난해도 파도가 위로하는 바위 그나마 다행이지. 몸 사릴 곳 없는 산중턱에 알몸으로 선 바위는 켜켜이 들어찬 이야기 숨길 곳 없어 어이하나
>
> 천년의 시간을 건너 온 바위가
>
> "괜찮아, 괜찮아질 거야"
>
> 말간 얼굴로 가만히 말한다
> ─「괜찮아, 괜찮아질 거야」 전문

바다 한가운데 속살 들어낸 바위나 산 중턱에 알몸으로 선 바위의 천년만년 절절히 쌓인 이야기는 아랑곳하지 않

아도 그 자리 지키고 있다. 시인은 바위가 던지는 이야기를 듣고 위로받고 있다. "괜찮아, 괜찮아질 거야"라는 소리가 들리는 것이다.

시인은 세상의 구석진 곳에 시선이 머문다. 대전역 옆 역전시장 후미진 골목 천원 선짓국 집을 찾아간다. 노부부 주름진 손으로 뚝배기를 채워 주는 온정에 감동한 것이다. "어제는 지우고 내일을 꿈꾸라고/ 오늘을 수혈해 주며 말한다" 주로 찾아오는 손님을 "광장을 수놓은 고개 숙인 꽃들"이라고 했다. 일반 시민이 아니라 역전 광장에서 사는 노숙자를 말하는 것이다. 이들에게 선짓국은 정말로 피가 되는 수혈 같은 것이다. 밥 한 공기가 천 원이니까 선짓국은 공짜로 주는 셈이다.

> 대전역 옆 역전시장 후미진 골목
> 천 원의 선짓국이 끓는다
>
> 노부부 주름진 손으로 뚝배기 채우는 온정
> 꼬깃꼬깃 구겨진 천 원 한 장 받으며
> 어제는 지우고 내일을 꿈꾸라고
> 오늘을 수혈해 주며 말한다
>
> 광장을 수놓는 고개 숙인 꽃들이
> 간단히 외면당하는 야박함을

> 부모의 마음으로 품어 안아
> 따듯한 선짓국으로 달래준다
>
> 밥 한 공기 값 건네면
> 피가 되는 선짓국은 덤
> 천원으로 만드는 큰 사랑
>
> ―「천 원의 사랑」 전문

 이들에게 천원을 받고 선짓국을 끓여주는 노부부 주인의 사랑은 거룩한 봉사자의 삶이다. 시인은 어려운 사람을 돕는 삶을 좋아하지만 숨어 일하는 봉사자의 모습을 보며 감사함을 느끼며 자기 삶을 통해 인간애를 실천하고자 하는 마음이 가득 차 있는 사람이다.

 시인은 때로 「길고양이」가 되어 거리를 방황한다. 길고양이를 대신해 뇌까리는 소리 "양갓집 규수가 한순간 곤두박질/ 그 사랑 떠날 줄은 꿈에도 몰랐지요/ 되돌릴 수 있다면 뭔들 못할까마는/ 떠난 인연 찾은들 별 수 있나/ 그저 한 세월 보내야지요"는 고양이에 대한 연민이기도 하지만 사람 사회에도 이런 일은 쉽게 볼 수 있다. 부모로부터 버림받은 사람도 있고 이혼하여 홀로된 자, 짝 없이 홀로 사는 사람 등 가정이 없는 길고양이 같은 사람이 많은 사회를 한탄하고 있는지도 모른다.
 시인은 「연탄재」에서도 시효가 끝난 잉여물에 대한 애

착을 표현하고 있다. "한겨울 눈 쌓인 골목길/ 연탄재 한 장 바스러진다/ 낡은 지붕 제 집인 냥 눌러 앉아/ 까만 몸피 남김없이 불사르며/ 시린 영혼 꿈길 데우다가/ 마침내 순백의 영혼으로/ 굽이진 골목에서 숨을 멈춘다"는 시는 깊은 내면의 의미가 들어있다. 안도현 시인은 「연탄재 함부로 차지마라」라는 시를 썼지만 하 시인의 연탄재는 한겨울 인정이 메마른 시대를 뜻하며 고령이 되어 노환이 들면 살던 집을 떠나 요양원으로 가는 노인이 생각난다. 감히 직접적인 표현을 피할 수밖에 없는 일들이 가까이에서 쉽게 볼 수 있어 가슴 아픈 때가 있다.

「한 잔의 물」에서 시인은 "한 잔의 물에는/ 오래전 세상을 떠난/ 선조들의 분자들이/ 오백만 분의 일쯤 들어있다"고 말한다. 물은 끊임없는 여행을 하는 여행자이다. 하늘과 땅 사이 형상이 있는 생명을 지어내고 쉼 없이 흐르는 존재이다. 하희경 시인은 물에서 선조들의 분자를 부른다. 아버지를 마시고 어머니를 마시는 숭고한 세례를 맞는 것이다. "지금 숨 쉬는 공기에도/ 누군가의 넋이 스며들어/ 우리와 함께 살아가고 있다"고 말하는 것은 물질의 윤회를 인식하는 위대한 발견이다.

'나 이전의 사람들'은 확대하면 사람을 초월하여 세상에 나타났다가 사라진 모든 생명체는 물로 돌아가 내 앞에 한 잔의 물로 내 몸속에 스민다. 물은 모든 것을 수용하고 변형하며 순환 여행하는 존재이다. 물을 대할 때 경건하게 대해야 한다는 깨달음에 이르게 되는 것이다. 에모토 마사루[1]는 『물은 답을 알고 있다』에서 물은 말을 알아듣고 마음을 읽어낸다고 했다. 물 한잔을 마시기 전 '감사합니다, 사랑합니다' 말을 하면 육각수로 변하여 우리 몸에 동화된다는 것이다. 물뿐이겠는가? 공기도 그렇다 공기 중에는 물 입자가 들어있으니 숨을 쉰다는 것은 코로 산소와 함께 물을 숨 쉬는 것이리라.

시인은 눈이 닿는 사물을 경건하게 대하며 생각으로 진리의 문을 여는 사람이라 할 수 있다. 시를 쓰는 것 자체가 사랑하는 행위가 될 수 있는 시인은 건강하고 행복할 수 있는 치유의 힘을 기를 수 있는 것이다.

　　기차는 김밥을 닮았다

　뜬금없이 찾아온 어린 동생이 층층시하 새댁의 처지를 헤아릴 줄 몰라 난감했던 배다른 언니. 도망간 어미가 낳은 동생이 밉기도 하련만 이도저도 내려놓고 시린 마음만 보듬던 언니와 형부. 어린애가 오죽하면 주소 하나 들고 왔을까싶어 시어머니 몰래 고구마를 깎아 주던 손길이 내 십대에 머물러 있다

---

1) 에모토 마사루 『물은 답을 알고 있다』 더난출판사, 그 밖에도 물에 관한 여러 저서가 많이 있음

기차에 태우며 들려준 김밥과 사이다, 서울 행 기차 안에서 부끄러운 얼굴 감추고 꾸역꾸역 먹으면서 기차가 김밥이면 좋겠다고 생각했던 아이. 한 거인이 있어 김밥 같은 기차를 우걱우걱 먹어치우면 집에 가지 않아도 될 텐데. 기차가 내뿜는 연기처럼 흔적 없이 사라지고 싶던 십대의 기억 속에서 기차는 언제나 김밥이 된다

한사코 김밥이고 싶은 아이를 싣고 기차가 달린다
—「기차와 김밥」 전문

시를 쓰다 보면 숨기고 싶은 사생활을 노출할 수밖에 없다. 어려운 가족관계를 노출할 수 있는 것은 속세의 가치를 초월하는 경지에 이르렀기 때문이다. 얼마나 어려웠으면 시집간 배다른 언니를 찾아갔겠으며, 자신을 도망간 어미가 나은 동생이라 말했겠는가? 시어머니 몰래 깎아 주는 고구마를 먹고 기차에 태우며 들려준 김밥을 우걱우걱 먹었던 소녀 시대의 기억이 평생 지워지지 않고 있다가 『기차와 김밥』이라는 시집으로 탄생하였다.

오죽했으면 기차가 김밥이어서 한 거인이 기차를 먹어치웠으면 좋겠다고 했을까? 자신이 김밥의 소스가 되어 거인에게 먹히기를 바라던 소녀가 시인으로 자라 기차처럼 긴 김밥을 말아내었다. 그런데 하희경 시인이 만든 김밥은 기차처럼 칸칸이 잘린 김밥마다 소스가 다르다. 참깨 맛이 향긋한 김밥도 있지만, 겨자가 많이 들어가 눈물이 나는 김

밥도 있다. 시인은 김밥 마는 일을 평생 할 것이다. 이전보다 맛있는 색다른 김밥을 만들어 낼 것이다.

> 누구도 알지 못하리라
>
> 살그머니 남의 둥지에 새끼 낳고
> 지독한 젖몸살에 가슴 조이는 어미
>
> 아비 없는 자식 키울 만큼
> 만만하지 않은 세상
>
> 살기 위해, 살리기 위해
>
> 두 눈 질끈 감고 외면하는
> 쪼그라든 심장의 버석거림
>
> 어미의 하늘보다 높이,
> 더 멀리 날아가기를 바라며
>
> 뻐꾹 뻐꾹 뻐어꾸욱
>
> ―「뻐꾸기」 전문

시인은 자가를 뻐꾸기라고 부른다. "누구도 알지 못하리라"고 말하며 자신의 성장 비밀을 토로하는 것이 아니라 다른 새의 둥지에 새끼를 낳아놓고 떠나는 어미의 마음을 상상하는 것이다. "살그머니 다른 새의 둥지에 새끼 낳고/ 지독한 젖몸살에 가슴 조이는 어미" 피눈물 나는 어미의 고통은 아비 없는 자식 키울 만큼 만만하지 않은 세상에서 자신이 살기 위해, 자식을 살리기 위해 외면하는 쪼그라든 심장의 버석거림을 상상한다. 나이 든 딸은 어미의 하늘보다 더 높이 더 멀리 날아가기를 바라며 울고 있는 어머니를 동경하고 있다.

   시인은 초등학교도 제대로 다니지 못했다.「다락방에 심은 씨앗」에서 "드르륵 미싱 밟으며/ 바늘구멍에 낙타 꿰어/ 쉬지 않고 날개옷 만드는 그녀"라고 자신에 관한 이야기를 시작한다. 밤에는 자지 않고 "밤이면 노란 등불 심지 돋우며/ 동화 나라 친구들과/ 짧은 밤 아쉬워라 수다 삼매경" 책 속의 등장인물들과 나누는 수다를 독백처럼 즐겼다. "한 땀 뚜 땀 바늘 땀/ 책갈피에 갈무리하고/ 구로동 골목길 돌고 돌며/ 다락방 한 귀퉁이에 심은 씨앗" 다락방 귀퉁이에서 앉아서 한 독서 결과가 오늘을 낳았다고 말했다. "머릿속 텅 빈 곳간에/ 인쇄체 하나둘 돋을새김/ 되바라진 어린 날 숨겨두었던/ 작은 씨앗 하나 있었네" 어렸을 적 그 작은 씨앗 하나 싹을 틔우기 위해 평생이 걸린 셈이다.

   「그런 날 있었지」에서 동태 대가리를 먹으며 "버려진 동태 대가리로 배 채우며/ 잠시 너의 바다를 꿈꾸던 날"이라고 표현하며 자신이 동태 대가리가 된다. 누군가에게 버려진 동태 대가리가 허기진 배를 채워 주는 존재가 되어도 좋다고 말하는 것이다. 그런가 하면 「하얀 눈처럼」에서는 "작아지고 싶다/ 누군가의 가슴 깊은 곳/ 살며시 찾아들 수 있도록/ 잠 못 이루는 누군가 살며시 신발 끈 맬 때/ 가슴 깊이 스며들어도 무심히 지나칠/ 한사코 가벼운 작은 사람이 되고 싶다"고 노래하고 있다. 하얀 눈처럼 작아지고 싶다고 말한 것은 자신의 존재가 드러나지 않아도 누군가에게 도움이 되는 존재가 되고 싶다는 말이다. 작은 존재를 말했지만 작은 존재의 실체를 작은 눈발 한 송이로 표현한 것은 형상이 없는 존재를 뜻하는 것이다. 눈발은 녹으면 한 방울 물방울이며 그 부피는 금방 말라 없어지는 작은 물기이다. 세상에 이름을 내는 존재가 아닌 이름 없는 존재로 살고 싶다는 말이다.

「진심」에서 "당신의 시작이고 싶다"고 말하고 "당신의 마지막이고 싶다"고 했다. 여기서 당신은 누구일까? "잠에서 깨어 눈 뜨는 순간/ 부드러운 입술에 살짝 입 맞추며/ 당신을 위해 달그락 달그락/ 아침 준비하는 그런 시작"이라고 노래하는 당신은 누구일까 생각해 보았다. 언뜻 생각하면 하나님 또는 절대자일 것이라는 생각을 했다. 그러나 "당신의 마지막이고 싶다// 마지막 잠을 청하는 순간/ 달싹이는 입에 안녕을 고하며/ 새로운 곳에서 다시 만나길/ 기약하는 그런 마지막"이란 표현에서 '시간'이라는 생각이 들었다. 물론 기도하는 마음으로 하나님께 '진심'을 고백하는 시이지만 절대자를 시간으로 볼 수도 있다. 영원한 것은 시간 밖에 없으며 아침에 일어나고 저녁에 눕는 것은 아침에 태어나고 저녁에 마무리하는 일상을 시간이 허락해주기 때문이다.

하희경 시인은 「시인과 여공」에서 시인을 만난다. "그가 걷는다/ 그가 간단없이 지워진다/ 아니, 헛것인 그가 비상한다"고 쓰고 세 살 위의 기형도[2] 시인과의 인연을 기술하고 있다. 여기서 시인은 기형도 시인이며 여공은 하희경 시인이다. 기형도 시인이 낳은 시인이 하희경 시인이다. 하희경 시인은 시인이 되어 그를 애도하고 있다. "1989년 그의 『입 속의 검은 잎』이 세상에 나올 때/ 여전히 그의 시를 모르는 여공은 아이의 붉은 혀를 보다가/ 늘그막에야 시 언저리를 더듬거리며 만나지 못한 그를 애도한다" 수시로 그의 눈앞에 나타났다가 사라지는 기형도 시인 그를 애도하기 위하여 그가 다 쓰지 못한 글을 쓰고 있는지도 모른다.

「낙엽」에서도 시인은 시간을 노래한다. 영원한 시간은 절대자에 비유된다. 그러나 나뭇가지에 매달린 잎새는 떨

---

[2] 기형도 시인. 1960년 인천 옹진 출생. 1985년 《동아일보》 신춘문예에 「안개」가 당선되어 등단하였다. 구체적 이미지들을 통해 우울한 자신의 과거 체험과 추상적 관념들을 독특하게 표현하는 시를 썼다. 유고 시집으로 『입속의 검은 잎』(1989)이 있다.

어진다. 그 시간을 여물지 않은 시간이라 했다. 자신의 시간을 의미하는 것이다. 숱한 날들 바쁘게 열심히 살았는데 지나고 보니 "여물지 않은 시간이/ 하나 둘 떨어진다" 아쉬운 시간이 가고 있다. "뒹굴다가/ 발길에 툭 채인다"는 거리의 낙엽처럼 뒹구는 인생길을 아쉬워하는 것이다. 그래도 가랑잎 구르는 소리를 내며 구르고 있다고 자위하는지도 모른다.

「민달팽이」를 보면 집 없이 사는 사람 이야기를 한 것이다. "저마다 집이 있건만/ 집 하나 없는 민달팽이가// 꼬불꼬불 지나간 자리/ 느릿한 그 모습 바라보며/ 작은 한숨 내뱉으니// 민달팽이 눈 흘기며/ 더듬이를 흔든다// 가벼워서/ 참 좋다며" 사람을 가르치고 있다. 시인은 민달팽이로부터 위안을 얻는다. 집이 없어 관리할 일이 없으니 좋다는 것이다. 관리비와 세금 걱정을 안 해도 되니 가볍다는 말이다. 내 이름으로 가진 집이 없을 뿐 누워 잘 집은 있으니 편하게 산다고 이야기하고 있다.

Ⅳ

하희경 시인은 첫 시집 『기차와 김밥』에서 자신의 삶을 과감하게 노출하고 있으며, 여러 편의 시를 통해 그의 자전적 표현을 볼 수 있다. 작가는 자신의 내면을 노출하는 사람이다. 인간의 내면 의식은 아름다운 것만 있는 것이 아니다. 어렵고 힘든 이야기를 하지 않고서는 이상적인 메시지를 말할 수 없다. 연꽃이 진흙 속에 뿌리를 내리고 너른 연잎으로 몸을 가리고 아름다운 꽃을 피워 올리듯 작가의 현실적 바탕 없이 작품이 쓰여 질 수는 없다.

문학은 자기 자신을 노출하는 기술이다. 자신의 자전적 사실의 노출은 물론이고 작가로서의 이상 세계를 그려내는 작업이다. 현실과 이상 세계를 융합하는 것이 예술적 창작활동이다. 예술 작품의 창작은 작가와 독자의 마음을 정화하는 효과가 있다. 창작은 내면세계를 정화하는 일이다. 문학은 카타르시스[3] 미학으로 치유의 효과가 있다. 작가는 자기 생각을 토해냄으로써 자신을 정화할 수 있다. 그러나 좋은 작품은 작가 자신뿐만 아니라 독자의 정서도 카타르시스 해줄 수 있어야 한다. 하희경 시인은 첫 시집을 통

---

[3] https://100.daum.net/encyclopedia/view/54XXX9800077 정화(淨化). 아리스토텔레스는 비극을 관람하는 것은 관람자가 배우의 정서들을 대리적으로 경험할 수 있기 때문에 카타르시스를 일으킬 수 있다고 생각했다. 심층적이며 거대한 고통에 대한 예술가들의 모방은 청중의 가슴에 공포나 연민을 불러일으킴으로써 그러한 감정을 추방하고 더 나아가서는 관객의 영혼을 정화시킨다는 것이다. 프로이트는 이걸 발전시켜 인간은 공격을 표현함으로써 분노의 감정을 감소시킬 수 있다고 보았다. 프로이트는 이런 과정을 카타르시스라고 했다. 프로이트의 카타르시스 이론은 우리는 내부에 공격적 에너지의 저장소를 항상 지니고 있다고 가정한다. 늘 발산시켜버려야 할 공격성을 어느 정도 갖고 있다는 것이다.

해서 자신의 이야기를 세상에 공표함으로써 시원함을 느꼈을 것이다. 카타르시스의 효과는 작가뿐만 아니라 독자에게도 있다. 독자도 시인의 시를 통해 자신의 경험과 동일시함으로써 공감대를 확장하는 것이다.

그는 자신의 영혼을 흐리지 않기 위해서 끈질기게 주변 사물에 천착하며 영혼을 달래고 있다. 「여정」에서 이른 봄 씨알 하나의 희망이 가을까지 걸어가 한 그릇 밥이 된다고 말하듯 「꽃핀 하나」, 「꽃과 나비」 등 주변의 사소한 사물이나 자연에 시선이 꽂히는 것이다. 길거리의 복권 방에 매달린 사람들이 「꿈꾸는 숫자들」을 통해 서민의 갈증과 소망을 말하는가 하면 집이 없는 「민달팽이」 한테로 시선이 가는 등 주변 모든 자연 현상 속에 자신의 감정이 투영되어 시인의 영혼을 구원하고 있다.

마지막 시 「마음이 가는 길」을 통해서 "마음이 가는 길/ 영영 보답 받지 못해도/ 말리지 못하는 나라는 걸/ 당신 알고 있지, 충분히"라고 자신에게 묻고 답하는 독백으로 시를 쓰는 여행이 곧 자신의 삶이라고 선언하며 글을 맺고 있다. 앞으로 전개될 그의 영혼 여행을 통한 자아 치유적 삶이 궁금하고 기대되며 기다려진다.

이든시인선 104

기차와 김밥

ⓒ하희경 이사벨라, 2022

발행일	2022년 10월 20일
지은이	하희경 이사벨라
발행인	이영옥

펴 낸 곳	이든북
출판등록	제2001-000003호
주　　소	34625 대전광역시 동구 중앙로 193번길 73
전화번호	(042)222-2536 ｜ 팩스(042)222-2530
전자우편	eden-book@daum.net
카　페	http://cafe.daum.net/eden-book
공 급 처	한국출판협동조합
	전화 (02)716-5616　(031)944-8234~6

ISBN 979-11-6701-181-7 (03810)
값 10,000원

* 이 책의 판권은 지은이와 이든북에 있습니다.
* 이 책 내용의 전부 또는 일부를 재사용하려면 반드시
  양측에 서면 동의를 받아야 합니다.

이 사업은 대전광역시, (재)대전문화재단에서 사업비를
지원받아 발간하였습니다.